REINALDO DOMINGOS

UM PASSEIO SEGURO

UMA HISTÓRIA SOBRE EDUCAÇÃO PARA O TRÂNSITO COM EDUCAÇÃO FINANCEIRA

ILUSTRAÇÕES: **GLAIR ARRUDA**

dsop editora

AUTOR: REINALDO DOMINGOS
ILUSTRAÇÕES: GLAIR ARRUDA
COORDENADORA EDITORIAL: RENATA DE SÁ
ROTEIRISTA: CARLOS ESTEFAN
EDITORES DE TEXTO: ALESSANDRA BORGES, ANDREI SANT'ANNA, FABIANA OLIVEIRA E MARIANA CARDOSO
ASSISTENTE EDITORIAL: LAILA MASCARENHAS
PROJETO GRÁFICO E DIAGRAMAÇÃO: BRUNO ATTILI
EDITORA DE ARTE: MARISA CORAZZA
REVISORA: ALINE ARAÚJO

Dados Internacionais de Catalogação na Publicação (CIP)
(Câmara Brasileira do Livro, SP, Brasil)

Domingos, Reinaldo
Um passeio seguro : uma história sobre educação para o trânsito com educação financeira / Reinaldo Domingos ; ilustração Glair Arruda. -- São Paulo, SP : Editora DSOP, 2023.

ISBN 978-85-8276-370-4

1. Educação 2. Educação financeira 3. Educação para segurança no trânsito I. Arruda, Glair. II. Título.

23-145925 CDD-370

Índices para catálogo sistemático:

1. Educação para o trânsito 370

Tábata Alves da Silva - Bibliotecária - CRB-8/9253-0

dsop
editora

RUA ALBA, 88 - PARQUE JABAQUARA - SÃO PAULO - SP
BRASIL - CEP: 04346-000
WWW.EDITORADSOP.COM.BR
WWW.DSOP.COM.BR

NAQUELA SEXTA-FEIRA, ISA, NICO, MÔNICA E MATTEO TINHAM UM MOTIVO A MAIS PARA SORRIR. AFINAL, NÃO SERIA UM DIA ESCOLAR QUALQUER PARA ELES.

A TURMA JÁ AGUARDAVA A CHEGADA DA PROFESSORA BIANCA, QUE, AO ENTRAR NA SALA, FOI LOGO DIZENDO:

— TODO MUNDO ESTÁ ANIMADO PARA O NOSSO PASSEIO DE HOJE?

— SIIIIIIIM! — TODOS RESPONDERAM.

— E PARA ONDE NÓS VAMOS, TURMA?
— PERGUNTOU A PROFESSORA.

— VAMOS DAR UM PASSEIO E APRENDER SOBRE O TRÂNSITO! — COMEMOROU NICO. ELE ESTAVA TÃO ANSIOSO POR ESSA ATIVIDADE QUE MAL TINHA CONSEGUIDO DORMIR NA NOITE ANTERIOR.

— ISSO MESMO! — DISSE A PROFESSORA. — MAS, ANTES, EU PRECISO SABER SE TODOS SE LEMBRAM DO QUE CONVERSAMOS PARA PASSEARMOS COM SEGURANÇA!

— EU ME LEMBRO! — ADIANTOU-SE ISA, LEVANTANDO A MÃO. — TEMOS DE ANDAR TODOS JUNTOS...

— E CAMINHAR PELA CALÇADA... — CONTINUOU MÔNICA.

— E PRESTANDO SEMPRE MUITA ATENÇÃO AO NOSSO REDOR! — COMPLETOU NICO.

— MUITO BEM, TURMINHA! — DISSE A PROFESSORA. — ENTÃO, VAMOS? TEMOS MUITO A APRENDER HOJE!

E, ASSIM, SEGUINDO A PROFESSORA, TODOS SAÍRAM DA ESCOLA, ACOMPANHADOS PELA ASSISTENTE ROSA.

ENQUANTO CAMINHAVAM PELA CALÇADA, A PROFESSORA BIANCA EXPLICAVA PARA A TURMA A IMPORTÂNCIA DA **EDUCAÇÃO PARA O TRÂNSITO**.

— NO TRÂNSITO, PRECISAMOS PRESTAR ATENÇÃO AOS DETALHES, OBSERVANDO BEM DE PERTINHO. AO MESMO TEMPO, TEMOS DE OLHAR PARA A FRENTE E PARA OS LADOS. DESSA FORMA, RESPEITAMOS AS REGRAS PARA EVITAR ACIDENTES E CERTAS PUNIÇÕES, ALÉM DE CUIDARMOS DA SEGURANÇA DAS OUTRAS PESSOAS E DA NOSSA.

NICO SE LEMBROU DO SEU AVÔ AMADEU E DE COMO ELE LHE ENSINOU QUE **OLHAR BEM DE PERTINHO** AS COISAS ERA TAMBÉM O **PRIMEIRO PASSO** PARA REALIZAR SONHOS. O GAROTO PERCEBEU QUE PODERIA USAR ESSE PRIMEIRO PASSO PARA O TRÂNSITO.

— E COMO A GENTE FAZ ISSO, OLHAR DE PERTINHO? — QUIS SABER MÔNICA.

— BASTA PENSARMOS EM CADA ETAPA DA CAMINHADA. AO CONTINUARMOS NOSSO PASSEIO, QUANDO FORMOS ATRAVESSAR ALGUMAS RUAS, DEVEMOS CAMINHAR ATÉ A FAIXA DE PEDESTRES E ESPERAR O SEMÁFORO FICAR VERMELHO PARA OS VEÍCULOS E VERDE PARA AS PESSOAS A PÉ — MOSTROU A PROFESSORA.

— O SINAL PARA OS CARROS ESTÁ AMARELO. O QUE SIGNIFICA ISSO? — PERGUNTOU ISA.

— QUER DIZER QUE OS MOTORISTAS DEVEM FICAR ATENTOS E, SE POSSÍVEL, PARAR, POIS O SINAL LOGO ESTARÁ FECHADO PARA ELES — RESPONDEU A PROFESSORA.

QUANDO OS VEÍCULOS PARARAM E O SINAL PARA OS PEDESTRES FICOU VERDE, A PROFESSORA PERGUNTOU O QUE MAIS ELES DEVERIAM FAZER.

— OLHAR PARA OS DOIS LADOS — DISSE NICO.

— TURMA, PODEMOS ATRAVESSAR A RUA AGORA? —ELA QUESTIONOU MAIS UMA VEZ.

— SIIIIIM! — AFIRMARAM AS CRIANÇAS AO PERCEBEREM QUE JÁ TINHAM VERIFICADO SE OS CARROS ESTAVAM PARADOS E SE A LUZ VERDE PARA PEDESTRES JÁ ESTAVA ACESA.

QUANDO CHEGARAM AO OUTRO LADO DA RUA, A PROFESSORA BIANCA DISSE:

— DEVEMOS TAMBÉM PRESTAR ATENÇÃO ÀS PLACAS. ALGUÉM SABE DIZER O QUE ESTA INDICA?

MATTEO IMEDIATAMENTE RESPONDEU:

— ESTACIONAMENTO EXCLUSIVO PARA PESSOAS COM DEFICIÊNCIA.

— MUITO BEM — DISSE A PROFESSORA. — ISSO SIGNIFICA, TURMA, QUE ESSE VEÍCULO ESTÁ ESTACIONADO EM LOCAL PROIBIDO. LEMBRAM QUANDO EU FALEI NO COMEÇO DO NOSSO PASSEIO QUE RESPEITAR O TRÂNSITO AJUDA A EVITAR PUNIÇÕES? POIS ENTÃO, O DONO DESTE CARRO CERTAMENTE RECEBERÁ UMA MULTA.

CONTINUANDO O PASSEIO, MÔNICA QUESTIONOU:

— MULTA... O QUE É ISSO?

— É UM VALOR EM DINHEIRO QUE OS ADULTOS PAGAM QUANDO COMETEM ALGUM ERRO — ALERTOU BIANCA. — AQUI NA CIDADE, QUEM MULTA OS MOTORISTAS INDISCIPLINADOS É A PREFEITURA.

NICO, AO OUVIR O QUE A PROFESSORA DISSE, SE LEMBROU DO **SEGUNDO PASSO** QUE O AVÔ DELE LHE ENSINOU PARA REALIZAR ALGUMA COISA: **SONHAR**.

E
EXCLUSIVO
DEFICIENTE
FÍSICO
OBRIGATÓRIO
USO DO CARTÃO

— PROFESSORA, AS PESSOAS QUE NÃO SEGUEM AS LEIS DE TRÂNSITO ACABAM GASTANDO O DINHEIRO DELAS PARA PAGAR MULTAS EM VEZ DE USÁ-LO PARA REALIZAR SONHOS?

A PROFESSORA BIANCA SORRIU E FALOU:

— SIM, NICO. ALGUMAS PESSOAS FAZEM ISSO E FICAM, ASSIM, MAIS DISTANTES DOS SONHOS DELAS.

— E A GENTE PRECISA SEMPRE SE LEMBRAR DISSO TUDO? — QUESTIONOU MATTEO.

BIANCA DISSE:

— SIM, E CADA UM É RESPONSÁVEL POR FAZER SUA PARTE. SÓ ASSIM TODOS PODEMOS TRANSITAR COM SEGURANÇA. NO TRÂNSITO, UM É DEPENDENTE DO OUTRO.

NICO FICOU PENSATIVO E PERGUNTOU:

— COMO ASSIM?

— É COMO NA SALA DE AULA: BASTA UM ALUNO NÃO FICAR EM SILÊNCIO PARA OS COLEGAS NÃO CONSEGUIREM SE CONCENTRAR. TODOS PRECISAM COOPERAR. — A PROFESSORA RESPONDEU.

BICICLETÁRIO

A PROFESSORA BIANCA MOSTROU PARA AS CRIANÇAS UM BICICLETÁRIO, UM LOCAL PARA O ESTACIONAMENTO DE BICICLETAS.

— EXISTEM AS CICLOVIAS PARA QUE AS BICICLETAS POSSAM SE LOCOMOVER COM SEGURANÇA. ALÉM DA ATENÇÃO COM OS CARROS, OS PEDESTRES PRECISAM FICAR ATENTOS ÀS BICICLETAS. MUITAS PESSOAS DECIDEM IR AO TRABALHO, À ESCOLA OU AO SUPERMERCADO DE BICICLETA. É UM MEIO DE TRANSPORTE ECONÔMICO, QUE NÃO POLUI, ALÉM DE FAZER MUITO BEM PARA A SAÚDE, POIS PEDALAR É UM EXERCÍCIO FÍSICO.

— NÃO SÓ QUEM ANDA DE BICICLETA PRECISA FICAR ATENTO E SE PROTEGER — AVISOU BIANCA. — QUEM ANDA DE CARRO E DE MOTO TAMBÉM TEM DE AGIR ASSIM!

— AQUELA FAMÍLIA ESTÁ FAZENDO CERTINHO — DISSE ISA.

— A PESSOA NAQUELA MOTO TAMBÉM — COMENTOU MÔNICA.

— É IMPORTANTE LEMBRAR QUE AS CRIANÇAS SEMPRE DEVEM IR SENTADAS NO BANCO DE TRÁS, NO ASSENTO PRÓPRIO PARA ELAS, E, É CLARO, DEVEM USAR O CINTO DE SEGURANÇA, ALÉM DE TOMAR CUIDADO PARA NÃO ATRAPALHAR O ADULTO QUE ESTIVER DIRIGINDO — DISSE.

— E NADA DE USAR O CELULAR ENQUANTO DIRIGE OU PEDALA, NÉ? — FALOU, COM TODA A RAZÃO, MATTEO.

A PROFESSORA BIANCA RESPONDEU:

— CORRETO. ALÉM DE PODER CAUSAR UM ACIDENTE, O MOTORISTA AINDA PODE SER MULTADO POR NÃO RESPEITAR AS REGRAS DE TRÂNSITO.

NEM SEMPRE AS PESSOAS RESPEITAM AS REGRAS DE TRÂNSITO, MAS, EM ALGUNS CASOS, O PROBLEMA ESTÁ NA CIDADE.

— VEJAM ESTA FAIXA DE PEDESTRES, CRIANÇAS — DISSE A PROFESSORA.

— ESTÁ QUASE DESAPARECENDO — ALERTOU NICO.

— E O SEMÁFORO ESTÁ QUEBRADO — APONTOU MATTEO.

BIANCA EXPLICOU À TURMA QUE É RESPONSABILIDADE DA PREFEITURA CUIDAR DAS RUAS DA CIDADE E FAZER OS REPAROS NECESSÁRIOS, UMA VEZ QUE A POPULAÇÃO PAGA POR ESSES SERVIÇOS POR MEIO DE IMPOSTOS.

POR CAUSA DA FALHA NO SEMÁFORO, UMA AGENTE DE TRÂNSITO ESTAVA TRABALHANDO NAQUELA ESQUINA, ORGANIZANDO A TRAVESSIA SEGURA DOS PEDESTRES E A PASSAGEM DOS CARROS.

— DIGAM "OI" PARA ELA, CRIANÇAS — PEDIU A PROFESSORA.

— OIIII! — A TURMA DISSE ENQUANTO ATRAVESSAVA A RUA.

E, MAIS UMA VEZ, SE LEMBROU DO SEU AVÔ AMADEU E DO **TERCEIRO PASSO** QUE ELE LHE ENSINOU: O DAS **ESTRATÉGIAS**.

— E SE A GENTE DESENHASSE CARTAZES PARA COLAR NA ESCOLA, MOSTRANDO COMO O TRÂNSITO PODE SER MAIS SEGURO? — SUGERIU NICO.

— ÓTIMA IDEIA! — APROVOU A PROFESSORA.

NA PARTE FINAL DO PASSEIO, NICO, ISA, MÔNICA E MATTEO FICARAM PENSANDO NO QUE DESENHARIAM QUANDO CHEGASSEM À ESCOLA.

— VOCÊS PODEM SE INSPIRAR NO QUE VIRAM HOJE NAS RUAS — AFIRMOU A PROFESSORA BIANCA.

ENQUANTO NICO DECIDIU PINTAR UMA FAIXA DE PEDESTRES PARA MOSTRAR A TODOS COMO AQUELA FAIXA APAGADA DEVERIA ESTAR, ISA QUERIA DESENHAR UM CICLISTA USANDO CAPACETE E OUTROS EQUIPAMENTOS DE SEGURANÇA.

NICO PENSOU EM COMO SERIA LEGAL SE TODO MUNDO RESPEITASSE AS REGRAS DE TRÂNSITO.

QUANDO VOLTARAM À ESCOLA, A ATIVIDADE SUGERIDA POR NICO COMEÇOU.

— CRIANÇAS, VAMOS TOMAR UM LANCHE E DEPOIS VOCÊS FAZEM OS DESENHOS SOBRE O QUE APRENDERAM HOJE.

POR FIM, NICO SE LEMBROU DO **QUARTO PASSO** QUE O AVÔ AMADEU LHE ENSINOU: **POUPAR**, QUE TAMBÉM SIGNIFICA **PROTEGER**. AQUI SE TRATA DE PROTEGER AS PESSOAS, CRIANDO UMA CIDADE MAIS SEGURA COM A EDUCAÇÃO PARA O TRÂNSITO.

NICO PERCEBEU QUE OS QUATRO PASSOS DO VOVÔ SERVIAM PARA MAIS DO QUE ELE IMAGINAVA: A REALIZAÇÃO DE SONHOS COM EDUCAÇÃO FINANCEIRA E UM TRÂNSITO SEGURO.

SABE O QUE MAIS NICO DESCOBRIU? QUE A EDUCAÇÃO FINANCEIRA SERVE PARA UM MONTÃO DE COISAS. INCLUSIVE PARA UMA AVENTURA SOBRE O MEIO AMBIENTE. MAS ISSO É OUTRA HISTÓRIA...

REINALDO DOMINGOS É PHD PELA FLORIDA CHRISTIAN UNIVERSITY, COM TESES SOBRE EDUCAÇÃO FINANCEIRA E EDUCAÇÃO EMPREENDEDORA EMBASADAS NA **METODOLOGIA DSOP** E NO **MÉTODO EMVI**. É PRESIDENTE DA ASSOCIAÇÃO BRASILEIRA DE PROFISSIONAIS DE EDUCAÇÃO FINANCEIRA (ABEFIN).

EDUCADOR E TERAPEUTA FINANCEIRO, É AUTOR COM MAIS DE 10 MILHÕES DE LIVROS VENDIDOS SOBRE O TEMA EDUCAÇÃO FINANCEIRA, QUE CONTEMPLAM O *LONG-SELLER TERAPIA FINANCEIRA* E OS LIVROS *POR QUE ENFRENTAMOS CRISES E NÃO ESTAMOS PREPARADOS?; NOME SUJO PODE SER A SOLUÇÃO – QUEM NÃO TEM DÍVIDA, QUE ATIRE A PRIMEIRA PEDRA*; *EMPREENDER VITORIOSO COM SONHOS E LUCRO EM PRIMEIRO LUGAR*; *MESADA NÃO É SÓ DINHEIRO*; *EU MEREÇO TER DINHEIRO*; *SABEDORIA FINANCEIRA*; *TER DINHEIRO NÃO TEM SEGREDO* E *ABCD DA EDUCAÇÃO FINANCEIRA*.

NOS SEGMENTOS INFANTIL E INFANTOJUVENIL, ESCREVEU AS OBRAS DA COLEÇÃO TURMA DO NICO: *O MISTÉRIO DA PRAÇA DIAMANTE*; *O ENIGMA DA LADEIRA PRATEADA*; *O SEGREDO DA VILA ESMERALDA*; *A CHARADA DA ESCOLA RUBI*; *O SUMIÇO NA BIBLIOTECA SAFIRA*; *O COLECIONADOR DE SONHOS*; *A SEMENTE DOS SONHOS*; *A MENINA DO RIO* E *DIÁRIO DOS SONHOS* (PNLD 2022). PUBLICOU, TAMBÉM, UMA COLEÇÃO COM OS PERSONAGENS DA *TURMA DA MÔNICA*: *COMO CÃES E GATOS* E *VISITA À FAZENDINHA*; E DA *TURMA DA MÔNICA JOVEM: O SUMIÇO DO CEBOLA E SEM SONHOS*.

É AUTOR, AINDA, DAS SÉRIES *O MENINO DO DINHEIRO*; *O MENINO E O DINHEIRO*; *O MENINO DO DINHEIRO EM CORDEL* (PNLD 2018). NO SEGMENTO INTERNACIONAL, PUBLICOU AS OBRAS *SCHOOL CAMP*; *THE GARDEN*; *JOURNAL OF DREAMS* E AS SÉRIES *MONEY BOY*; *THE BOY AND THE MONEY* E *EXPLORER*. É AUTOR DE QUATRO COLEÇÕES DIDÁTICAS DE EDUCAÇÃO FINANCEIRA – *SONHOS, DIVERSÃO, O MENINO DO DINHEIRO* E *EDUCAÇÃO FINANCEIRA*. É COAUTOR DE *JUVENTUDE PLURAL – PROJETO DE VIDA*, OBRA DE VOLUME ÚNICO, VOLTADA PARA ESTUDANTES DO ENSINO MÉDIO (PNLD 2021).

NESTE ANO, O AUTOR PUBLICA MAIS DUAS NOVAS OBRAS: *O CAMINHO PARA A ESCOLA: UMA HISTÓRIA SOBRE EDUCAÇÃO PARA O TRÂNSITO COM EDUCAÇÃO FINANCEIRA* E *MEU PET CABE NO MEU BOLSO*.